AF597061

Donde los ojos lavan sus imágenes

Editorial Primigenios

RAMÓN ELÍAS LAFFITA

Donde los ojos lavan sus imágenes

EDITORIAL PRIMIGENIOS

1era edición, Miami, 2022

ISBN: 9798817903928

Edita: Editorial Primigenios
Miami, Florida.
Email: editorialprimigenios@yahoo.com
Sitio web: https://editorialprimigenios.org

Edición y maquetación: Eduardo René Casanova Ealo

Hay quienes dicen que dedicar un libro
es una exaltación romántica
y como «el que hace poesía está, en efecto, contra todo el mundo»
hay que asumir riesgos.
Consagro este libro a mi familia
y en especial a mi padre
y a esos poetas que día a día llevo en mis alforjas:
Octavio Paz, Eliseo Diego,
Lina de Feria, Reina María Rodríguez,
Jorge Luis Borges y José Emilio Pacheco.
A Osmán Avilés,
por su sentida amistad.
A Oscar Palomo Martínez, por el tiempo.
Al sensible filo del mar.
A La Habana.
A la siempre Habana
que sin tener ojos
nos mira.

No veo con los ojos:
las palabras son mis ojos.

Octavio Paz

Bajo la clara luz de marzo

Bajo la clara luz de marzo he padecido los encantos
de la infelicidad. Me he sometido al desolado placer
que dejan las ciudades
al peso del sol sobre mis ojos
como el que va a la guerra sin escudo
como el que va a morir junto a la tarde.

He padecido los horrores de una libertad
que no me pertenece
de un aislamiento o represión
que tampoco me pertenecen.

Cuando la noche es abatida por el mar
callo para vivir
miento para saberme frágil
para no languidecer ante la culpa
y el martirio por lo que amo.

Bajo ciertos aullidos de realidad
busco la posible perfección en mis palabras
en las manos
de quienes alzan su austeridad
pese al silencio atroz que los corroe.

Expongo la vida como en un gran museo
ante el lavabo y el suburbio

ante la casa
el día
y sus salutaciones
con la misma ilusión del que mira una foto
del que busca un sendero para evadirse.

He padecido los encantos de la infelicidad
allí / *donde los ojos lavan sus imágenes.*

PENSAR LA VIDA A TRAVÉS DEL LAVABO

Agua cristalina. Poema-objeto, 2002

Mientras la casa se desmoronaba
yo crecía.

Octavio Paz

Apertura

I

La vieja ciudad se aísla de la noche
noche de alabastro
sobre el ojo de la noche.
Nace un sol filtrado por la sombra
y la luz es el polvo
margen o espacio de los días.
En su cambiante espíritu
la ciudad nos contiene
nos eleva
como vapor de agua
que el frío oculta.
Así de elíptica es la ciudad.
Selva que nos castiga y llama.

II

Si la ciudad se aísla del ojo de la noche
los portales
se alejan del caminante.
El sepia forma con su rostro
las columnas / las aldabas
donde todo sucumbe.
Desde la inmerecida madrugada
transgredo y hablo
y aunque me baste para salmodiar el tiempo
no basta la memoria
si deseas limpiar de musgo el aire
de hollín a las palabras.
El caminante busca el sitio exacto
donde sanar la llaga
donde alistarse para borrar el óxido
que la sombra acumula.
En los lavabos / en las alcantarillas
los bardos también buscan:
la demasiada luz / el opio.

Casa de tránsito[1]

Como un autómata me resigno a vivir.
El sol sangra sobre la piel curtida de los marineros
y solo alcanzo a ver
pequeñas barcazas en el día.
Agua y música forman el jardín.
La casa se me encima
muerdo fango
arena / cerebro de excluido.
Trato de centrar los bordes
de esta casa que se desprende
y busco
cómo cortar sus láminas:
ese abrir y cerrar de puertas
en la memoria
cuando *toda casa es un candelabro*
donde las vidas de los hombres arden
como velas aisladas...

[1] Nombre dado en Cuba a los «albergues» o «refugios». Sitio al que arriban las personas que, por diversas razones, no disponen de un inmueble para vivir.

Suburbio

Con la música del suburbio he comprendido
que la tristeza es un río lento
en su caída de agua
que el camino circula a través del lavabo
a través de un espacio indetenible
ensordecedor.

He comprobado que lo que alcanzo a ver
son solo hileras de naves
perpetuadas en la memoria.

Si de algo estoy seguro es del silencio
del vendedor que se estaciona
en el suburbio —año tras año—
a prodigar el precio
de cuanto en él se vislumbra.

En su caída de agua he comprendido
que la tristeza
es un largo escozor
una forma de sucumbir
bajo el rostro de alguien
bajo los pies
ya cansados por tanto mundo.

Ayer el vendedor no cruzó la alambrada
se acostumbró a mentir.
Hoy lastimado deja de violentar sus ojos.

Hojas que barre la lluvia

Para Danilo Valido

He cruzado un charco de aguas estancadas
y la lluvia cae
repetidamente sobre el muro.
La invoco
y solo consigo advertir lo que muere.
Mohoso:
el muro se lamenta de ti
la ciudad se lamenta de ti
y corres
porque de nada vale detenerse.
La hoja del árbol se aventura en caer.
El austro empuja
y se aventura en caer.
Todo cae
sobre las hojas que barre la lluvia.

Sitios

Cuando la ciudad surge en mí
surge esa sensación de temblor
que resumo a cada paso.

Reina / Belascoaín
Carlos III
no logran develar otras madrugadas
ni calles menos frugales.

Se vuelven contra mí:
casa
lavabo
y destino
como una dicha más de atarse
a los alcoholes
a esos desastres que castigan
y parecen muy fieles.

Cuando viajo a la profundidad
de lo que en mí se gasta
y el zumo de limón arde los ojos
la ciudad se me enquista
se desploma
y es relámpago que no ha de volver.

Surgen entonces esos recuerdos
tensados por la memoria
esos sitios
en los cuales advierto
las esquinas más desoladas.

Cotidianas

Qué significa el día para la luz
que afila sus cristales:
el lodo
las paredes
el lavabo
los objetos que se anuncian
a través del vacío.
Qué nos queda en la noche.
Qué nos queda en la casa:
acaso barro y cazuelas
prestos a lustrar lo cotidiano.
Parten mi sol en dos
y la corriente de agua
vacila en su cordón de humo.

Tiempo

Vamos a ver allá en tus ojos   tiempo
a esa lluvia que comprime y se escurre
bajo tierra
a ese sol que solemne
recomienza su círculo.
Vamos a ver el mar
cuando la piedra sangre:
allá / en tus ojos.

Qué máscara usaré cuando emerja de la sombra

—ALEJANDRA PIZARNIK—

Qué máscara usaré cuando emerja de la sombra
si el sol / viejo animal sediento
deja sobre mi casa lo inexplicable
lo corrosivo de su luz.

Qué nueva sombra habitaré
ahora que el tiempo / barco sin velamen
halla en el jardín de los atardeceres
tantas heridas por cerrar.

A través de la noche
he mutilado las arañas de la desidia.
Y he visto amarse con placer
a ciertos hombres que desde lo oculto
gritan su miedo.

Qué imán los atrac hacia csa triste belleza
que llaman soledad
si cada quien
vuelve al doble juego de la máscara
si cada quien alza su copa y brinda
por el diabólico triunfo de reír.

Cada antifaz es una pérdida
una mentira a la consagración.

Las máscaras asaltan mi rostro
y confunden al actor
que se abalanza
contra el verde de los árboles.

La multitud aplaude siempre enardecida
mientras llueven lirios
sobre el mismo jardín de la tarde.

LEVE CANDIL

Sediento de luz viaja el mar por sus orillas.
Las aves picotean el hondo arrecife
para alejar los sargazos.
Lo que vislumbras es una ciudad
acantilado de piedras —ya fósiles—
que danza junto al faro.
El mar llama con desesperación.
Los puertos avizoran su leve candil
y las aguas en tono pútrido
el regreso de sus ahogados
esos / que despeñan el amanecer
y van a dar justo al límite de las murallas
al basurero
a las alcantarillas
donde también es un símbolo:
el hedor y la magia.

Pensar la vida a través del lavabo

Me preocupa correr por el diente-de-perro
cuando la vida es un simulacro
a la hora de podar
ciertas rosas en la noche.

Me preocupa la soledad camino
hacia las claridades
el obstinado rigor del cangrejo
al cuidar de su cuerpo para arrastrarse.

He visto con cuanta parsimonia
se toca al caracol
en su cansado rastro
a los erizos
que con el amanecer
se acomodan
en lo profundo de las aguas.

Pienso los círculos que pasan
a través de ti. Sin ataduras
el tiempo es un círculo.

Entran a mi cuarto noche y candiles.

Me preocupan los años
el discurso
que se contagia de ti

y esas manos
perpetuadas en lo herrumbroso.

Tras la madrugada lo que se escurre
es el tic-tac de un reloj. El tiempo
y su círculo. La tanta vida turbia
por el lavabo.

RIGOR DE AGUA

Timonel. Poema-objeto, 2006

... la luz es agua,
el agua tiempo diáfano...

Octavio Paz

Cuatro a.m.

Sobre el lavabo / un constante círculo
de agua. Un cepillo dental aferrado
al estrés del baño. Insectos y raíces
buscan tierra donde anclarse.
Entre espejo y lavabo
hay una costra
una repulsiva costra
que se extiende y extiende
alargándose.

Un imperio de agua sobrevolaba los ojos

Las aguas que ayer habitaron la ciudad
dejaron de ser aguas reposadas en su curso.
Contenían el sello de la turbulencia.
Esas aguas que desesperadamente
hoy sobreviven
detenidas en el silencio.

Quise poblarlas desde otro puerto
y solo conseguí atraerlas
al ya rendido mundo de la orilla
a ese poderío
que nos da el amanecer
cuando lo difícil por lo difícil
es frugal
cuando juegas al chapoteo
por la existencia.

Beber agua del río más trepidante
es evitar el ahogo. El mar
mantuvo en la memoria
su obstinado fuego.

Así fui recorriendo las calles de la ciudad
donde mis pies calzaron botas de siete-leguas
donde mis padres sin entenderlo
vitoreaban el regreso del hijo pródigo.

Para entonces la ciudad
ya tenía memoria
y en cada rincón el óxido corrompía.

Sobre el muro del malecón
un imperio de agua sobrevolaba los ojos.

Los años no cesaban en su oleaje:
pescadores / mercaderes
y convictos
eran el justo centro de aquella fluidez.

De cómo la felicidad es un pueblo

A Bahía

La ruta DOS SEIS CINCO ha bordeado la bahía
y el vaivén de la cañabrava
es música en los ojos.
Esperanzado en el azul
no importa lo que dejo atrás.
Los habitantes de La Habana del Este
coleccionan sus flores
montoncitos de piedras en los umbrales.
Un amigo se jacta de vivir a espaldas
de esas molduras.
Entro a las playas del existir
con la inocencia de quien busca
por primera vez
el mar.

Marinero

Para cualquier marinero
parece estimable
esa manía de vivir el mar.
Trenzado por la luz de otro mar
sale a moldear sus aguas
a repetir el círculo de la noria
en los confines.
Trae ciertas esencias
que lo obligan al retorno
tal vez impulsado
por una abstracción
al tiempo
que espera el próximo cardumen
o la avidez de una espuma
menos sombría.
En todo marinero se azoga el océano.
Su tormenta es la ola.

Viejo pelícano

El mar extiende su sed de velas
hacia un horizonte más límpido.
Gotea sol y a mis ojos traigo
ese cansado mar
que no deja de ser ala rota
viejo pelícano.
Cuando soplo arena
uvas caletas y cañabrava
surge una playa distante.
Hacia dentro crece este mar.
Con los años
he visto romperse el agua.

La sal

La sal entra a mi cuerpo y en su choque
vuelve a ser sal / enigma del salitre.
En su apariencia de nieve
cae de tus manos
a mis manos
y áspera en su sombra
nos elije.
Esta mañana pudo revelarse
y quedar apresada
en los ojos del pescador.
Pudo quedar junto al camino
que la niega
ante la arena que escasea
y se reciente.
Ella misma se vuelve una plegaria.
Ha sido siempre un espejo
por donde se filtra cl mar.

Silban los árboles / silba el arrecife

Se aproxima el mar sobre las rocas.
El temblor de las aguas retumba
hasta dar con la noche.
A lo lejos una casucha
largos pasillos
que bifurcan los ojos.

Cierta dejadez se desploma
y un perro ladra
esperanzado
por lo que vendrá.
Hasta hoy
solo me aproximo al mar.
A los contornos
de esta vida que pasa.

Los sargazos viajan
a través de la espuma
y lo álgido
puede vislumbrarse.

Entras a la casucha
y el caracol perdido / aguarda
entre arena y silencio.
Los años nos apartan y atraen
con aspereza de música.

Me contengo en pensar
y tomo tu mano.
Silban los árboles.
Silba el arrecife.
Y los peces muertos en su brevedad
son devueltos por la marea.

Mar picado

Las quietas aguas han muerto
para que tú / existas.

Marea alta

Cuando las aguas surcan los sonidos
el mar es una serpiente enorme.

Casi naranja / el sol
hunde su luz
a través de las uvas caletas.

Las arenas movedizas rozan las barcas
el rumbo del mar
y perdido en su anchura
logro amansar los ánimos.

No sé cómo explicar el destino del mar.
Ni el exilio que se expande con las aguas.

Tal vez sea permisible comprender la inmensidad
desde otra orilla
o esperar a que las aguas bajen
y coexistan en su retorno.

Una apacible gloria por el retorno

Noche a noche en su gran lucha por sobrevivir
los marineros recogen las anclas
de sus naves / deseosos
de arribar a tierra firme.

En círculo el mar muere de envejecer.

Convencido en su vastedad de que ya nada retorna
—ni siquiera el agua verde-azul—
el mar
gira insistente. Y Odiseo
—el amante encantado—
se libra de las sirenas / para no verse agobiado
por las bestias del delirio
que ya lo escoltan en su viaje último
hacia horizontes
menos perturbadores.

El mar: vientre contraído
cambia de rumbo
e inesperadamente Odiseo
vitorea la gloria
una apacible gloria por el retorno.

Los marineros viven de espejismos
y no hay niebla que les borre

ni detenga los misterios.
Qué buscan con la aparente felicidad
si su placer ha sido siempre
llegar a cualquier puerto.

Arde la misma rosa en cada rosa

—José Emilio Pacheco—

Arde la misma rosa en cada rosa
y en el callado jardín
la piedra conquista al polvo
y en su lucha obedece a las ruinas
que el mar diluye y agita.
Convertida en herrumbre
araña el camino:
ese musgo sin edad
ese reloj ya sin figura.
Todo se va con la urgencia del agua.
Todo queda en la sed que nos asiste.
Volverás al jardín como algo cierto
si es que existe mundo
para entonces.

MAR ABIERTO

El viento marino ha congelado la distancia
de una costa a otra costa.

Quien penetra con sus ojos
el duro arrecife
consigue sobreponerse
al cimbreo del mar.

En el sedal de la vieja tarraya
mueren los peces
que el pescador nunca atraparía.

Se aventura una triste canción
a golpear la orilla
y el salitre
trae consigo sus alforjas.

En su rompiente
las olas amontonan ruidos
que se alejan
y el vaivén de las barcas
es motín sobre la espuma.

A cada tramo el mar es el mar.
A cada paso
la innegable muerte de la noche.

He sido unánime bajo el temblor de la piedra

Las piedras traen su ya sentida eternidad.
Mi subterránea isla obedece
a otras islas
que se alzan sobre el día.
Esperanzadas en su rigor de agua
golpean hasta perderse
por entre las bóvedas del río.
De repente obligan a ser tempestad.
Mar azogado por el viento.
Mi subterránea isla es un marjal sostenido
en la quietud del paisaje
donde la constante caída
es otoño.
Dilatar esa ingravidez tal vez sea
una victoria más del tiempo
o el simple rumor
que —a veces—
deja la tristeza.
Temí borrar la transparencia
de la rosa que muere
pero la rosa
no merece morir.
El otoño
no merece morir.
El árbol ni la misericordia
merecen morir.
Hasta ayer tuve una isla

en su más rauda vestidura.
He sangrado como Odiseo
en ciertas playas que son un laberinto.
He sido unánime
bajo el temblor de la piedra.

FISURAS

Accidente. Poema-objeto, 2007

... oigo las voces que yo pienso,
las voces que me piensan al pensarlas.

Octavio Paz

Fisura I

Si distingo una fisura en el techo de la casa
y la comparo con esta vida de fisuras:
notarán / que solo entra en la eternidad
aquello que no olvidamos.

Albergue I

A los albergados que todavía padecen
la desesperación de habitar una nave,[2] un cubículo.[3]

Habito una nave que no es recinto ni habitación
para unos cuantos es como blasfemar.
Bebo mi propio café
en estos días en que se salva menos.
Habito el lavabo:
el cemento en su ahogo
la mal construida casa
como disparos
como deformidades del constructor.
Si te habla la pena
el rencor de una nave
los dolores
que aíslan y te hacen corrosivo
es / porque definitivamente
eres hostil.
Nada se espera de la magia ni de sus síntomas.
Frente al inodoro orino con ansia incontenible.

[2] Construcción capaz de flotar. Cuerpo o crujía seguida de un edificio como almacén o fábrica, etcétera.

[3] Pequeño recinto o alcoba desprovista de ventilación y confort donde sus moradores viven por espacio de 20 a 30 años o más.

Cal viva

A José Emilio Pacheco

Sobre los techos una tormenta de árboles
alza su frugalidad.
Desde el aire las casas tienen un color sepia.
Aparente sensación de disparos
de rajaduras
que todo viajero admite.
Los vecinos se lanzan a vivir
con un semáforo rojo en el pecho
hablan de un *malpaís*
como presagio a la *alta traición*.
La escasez de agua
el olor a barniz del tapicero
la cal viva
hablan de techos y fisuras.
Yo solo aviento / cables eléctricos
sobre la cama.

Luz / finalizando la tarde

A mi madre

Sobre tu rostro / crecerá otra cara —madre—
y en el fondo de las aguas
habrá un relámpago
construyendo su tormenta
una mortecina luz / finalizando la tarde.

Habrá un frío mármol donde reposen los muertos
donde el agua se afane en sacudirlos
pese al sol imponente.

Siempre que sueñe un sueño recordable
dejaré de poner cerrojo a mi puerta.

CIUDAD PERDIDA

A mis amigos venezolanos
Ada Lina Requena, Lenys Hernández Purroy,
Ingrid Rada y Jessing.
A Leonardo García, Franklin Fernández,
Manuel Morales, Luís García,
y Gabriela Armas.
Nombres que pienso desde la distancia.

El viento ya arrastra su aluvión
de piedras y leña seca.
Cruzas la perdida ciudad
y una laguna de juncos y estiércol
llora su canción.
Se pierden los ojos tras los cerros
tras el campo
la escalinata y el terraplén.
Destilan las casas desde el río
como destila el puente y la montaña.
No sé cuál de los encantos
se nos vendrá encima.
Solo sé que el ruido de los autobuses
ladra a nuestras espaldas.

Albergue II

—MARZO 2007—

De tanto clamor hallé en el suburbio
una luz densa.
Entré por el zaguán
donde antiguos moradores
rechinaron su rostro contra el mío.
Se me ocurrió habitar la podrida madera.
El tizne corrosivo.
Dolían aquellas paredes húmedas.
Pensaba en la felicidad
y solo tenía ante mí la NAVE 4
el CUBÍCULO 5
de una verdad sin retorno.
Marzo comenzaba a resurgir.
En las acequias
la noche / era cada vez más larga.

Estación de trenes

Ante las memorables rejas
el pordiosero halla sus espasmos
cree ser objeto de una multitud
fetiche o estandarte.
Va y viene con la simple ilusión
de apostar la vida
cuando la vida
es brasa que serpentea.
Mitiga y simula su soledad
y a través de los hierros
advierte los escombros
que quedaron en el crepúsculo.
La estación de trenes mezcla óxido con luz.
El pordiosero se arrincona
para ceder espacio al orine.

LUZ / LLAMA /ABISMO

Abre los ojos el jardín
y sobre un colchón de hojas secas
la llama quiere eternizarse
y ser solo viento.
Su anhelo es permanecer en el instante
de quienes la contemplan.
El árbol padecerá en su momento
lo que el tiempo no pudo retener.
Será la luz espíritu dañado.
Será la llama quien devore al bosque.
Será abismo.

Bajo el brusco ronquido de los autos

Por las calles de La Habana hay transeúntes
que abarrotan las alcantarillas.
Desalineados
que se pierden tras la marihuana
y el alcohol
en ciertas madrugadas
que ya les pertenecen.

Llueve a cántaros sobre La Habana
y la distancia es *ahorita*
fría-tibieza.

Cada transeúnte se arriesga a sobrevivir
y en los pozos del alma
una endecha enloquece.

Entre los grafiteros las noches
se acomodan libres
se acomodan en la infinitud
de un cielo plomizo
y en penumbras.

Por las calles de La Habana
los transeúntes abarrotan las alcantarillas
y hay olor a semen

y hay olor a orine
en las noches que arden
bajo el brusco ronquido de los autos.

No dejes nada al cazador

Abrid las puertas y entrad a esos aposentos
donde las fieras más humildes
saborean la gloria.
Entrad / pero no dejes nada al cazador
no dejes nada a los pájaros
de la desesperanza.

En esos aposentos
amontoné mi piel en otra piel
y el color de la tarde
era el de las flores marchitas.
Debí refugiarme en su espalda
y mis manos
solo consiguieron contraerse.

Uno a veces se burla y juzga lo excluido
cuando juzgar es pura vileza.

En esos aposentos
donde la más humilde de las fieras
saborea la gloria
no son todos los elegidos.

Abrid las puertas para que escapen
las palabras
el grito

los temblores
de esta impaciencia sometida.

No dejes nada al cazador.
Ni siquiera el deseo por su presa.

Fisuras

A Danay Gilart Calzado

Tras la puerta que da al pasillo, se arrastra el ojo...
el joven pescador oye gritos desesperantes
se hunde en el viejo sofá
y salta descontrolado sobre la noche.
Por momentos / un profundo silencio
deja escucharse
y un chirrido sordo abre las compuertas.

Desde el oxidado estanque
tantea el recuerdo y nuevamente
oye gritos / balbuceos
hechos fisuras
en el hueco de la mano.

El joven pescador toca el borde de las piedras
con la memoria
oye una música como de agua
voces perdidas en lo visible.

Las aguas y el olor a salitre
glorifican cada porción del cuarto.
El joven trae entre su vara de pescar
nombres que repite con delirio
nombres
que no supieron cómo cuidarlo
de los arlequines.

Ya no busca el perdón en quienes lo fustigan.
Ya no quiere verse en el rostro de los almendros.
Su cuerpo fue sometido / aborrece el cansancio.

... tras la puerta que da al pasillo
se arrastra el ojo, la posesión, la incertidumbre...

El joven pescador ahora consume drogas para dormir.
Oye gritos que lo alejan del posible concilio con las aguas.
Gritos desesperantes
con que los arponeros cazan al pez.

Arritmia

Hay días
en que uno se dispone a vivir
bajo el rostro de los amigos.

Días
donde elegir la bendición de Dios
es el único pacto con la existencia.

Hay días en que uno
no siempre elige
el buen camino por el que avanza.
Ni escoge la verdadera senda
para aclamar al jardinero
que ya se sabe amante de las rosas.

Hay días en que uno
simplemente grita a destiempo
porque descubre
que el doble rostro de los amigos
es antifaz o juego mal actuado.

Los días se van sumando hasta formar una época.
Entonces los miramos con rencor
y decimos: ya basta.

Pero hay días —madre— en que uno es la gloria
pese a todo conflicto.

Del autor

Ramón Elías Laffita (Baracoa, Cuba, 1968)

Poeta. Narrador. Editor. Escritor para niños y jóvenes. Tiene publicado los libros de poesía: *Las tribulaciones de Adán* (1991), *Contaminados por la sombra* (1998), *Sueño mágico* (Poesía para niños, 2002), *Palabras hacia la noche* (2005), *Sótanos con olor a brea* (2014); (EUA, 2016), *Historias para despertar* (Poesía para jóvenes, 2017). Como antólogo: *Espacio mínimo* (2008) y *Lira al viento*. Antología poética cubano-navarra (Ediciones Eunate, España, 2020). Su obra poética ha sido recogida en *Diccionario de uso das preposicoes espanholas*, segunda edición revisada y ampliada (Sindicato Nacional dos Editores de Livros, Río de Janeiro, 2000), *Los parques* (Ediciones Mecenas y Reina del Mar Editores, 2001), *Antología de la poesía cósmica cubana* (Frente de Afirmación Hispanista, México, 2002), *Selección Poética*. Concurso Internacional «Nosside Caribe» (Editorial Letras Cubanas, 2004), *Esta cárcel de aire puro*. Panorama de la décima cubana en el siglo XX. II Parte (Casa Editora Abril, 2011), *Poderosos pianos amarillos*. Poemas cubanos a Gastón Baquero (Ediciones La Luz, 2013), *La calle que tú me das*. Homenaje a «Antología Cercada». Cuadernos La Gueldera, 2016. Centro Canario Estudios Caribeños –El Atlántico–, Las Palmas de Gran Canaria, España. Sus textos narrativos aparecen recopilados en *Nosotras dos,* (Ediciones Unión, 2011), *Una cala a la narrativa cubana de hoy* (Elefanta Editorial, México 2018). Su labor como poeta se ha reseñado en países como Rusia, Croacia, El Salvador, Brasil, Dinamarca, España, Venezuela, EUA, Alemania, México y

Canadá. Ha obtenido importantes premios nacionales e internacionales. Miembro de la Unión de Escritores y Artistas de Cuba.

ÍNDICE

LISTADO DE TÍTULOS Y PRECIOS DE EDITORIAL PRIMIGENIOS

1. *1932, Dios, revolución y libertad*. Poesía. Carlos Salina Granda (Perú). $5.99
2. *1968 y el cine, Memorias del 3er Encuentro de la crítica cinematográfica*. Compilación de Pedro R. Noa. $9.99
3. *A la sombra del mediodía*. Poesía. Luis de la Cruz Pérez Rodríguez. $7.99
4. *A quién pregunto por mí*. Poesía. Andrea García Molina. $12.99
5. *A veces, cuando el silencio*. Poesía. José Antonio Martínez Coronel. $9.99
6. *Abrazo a un búcaro sin flores*. Poesía. David Montero Figueredo. $6.99
7. *Actos en la tierra*. Poesía. Eduardo René Casanova Ealo. $5.99
8. *Adiós Rembrandt y otros relatos*. Colección de cuentos. Manuel Antonio Morales Felipe. $7.99
9. *Adoptando a Mini*. Novela ilustrada. Marié Rojas Tamayo. $7.99
10. *Agradecido entonces como un perro*. Poesía. Guillermo Hernández Montero. $5.99
11. *Al borde de las piedras*. Poesía. Yans González García. $5.99
12. *Al diablo el que me lo pida*. Narrativa. Nuris Quintero Cuellar. $5.80
13. *Al otro lado del mundo*. Poesía. Eduardo René Casanova Ealo.$5.99
14. *Al sur de los páramos*. Poesía. Miladis Hernández Acosta. $5.99
15. *Alas verdes*. Poesía. Lucy Barroso Hernández. $9.99
16. *Alguien está en las cenizas*. Novela. Marilú Rodríguez Castañeda. $9.99
17. *Alta Definición, antología de cuentos inspirados en los medios de*

comunicación audiovisual. Barbarella D´Acevedo. $9.99

18. *Amalgama*. Poesía. Ileana Hernández Goicochea. $12.99
19. *A-Mar*. Novela. Marlene E. García. $5.99
20. *Amores difíciles*. Periodismo. Leonardo Depestre Cantony. $7.99
21. *Anita Mur*. Novela. Frank David Frías Rondón. $9.99
22. *Ante la misma puerta*. Poesía. Gilda Guimeras. $4.99
23. *Antes de amancebarme con la enana zíngara contorsionista*. Narrativa. Alberto Garrandés. $9.99
24. *Antología Memorable: poemas para no olvidar*. Poesía. Selección de Juan Carlos García Guridi. $7.99
25. *Antología Voces dispersas*: *Once mujeres poetas*. Poesía. Miladis Hernández Acosta e Ivonne Sánchez-Barrea. $7.99
26. *Aquellos ojos verdes*. Narrativa. José Luis Riverón Rodríguez. $7.99
27. *Arcos fracturados*. Narrativa. Manuel Roblejo Proenza. $5.99
28. *Autos de duda*. Poesía. Niurbis Soler Gómez. $5.99
29. *Bajo la rueca*. Narrativa. Luis de la Cruz Pérez Rodríguez. $5.99
30. *Bajo las órdenes del silencio*. Cuentos. Alejandro Martínez Sánchez. $7.99
31. *Balada de tus ojos*. Poesía. Ray Nelson Pons Días. $5.99
32. *Bestias del paraíso*. Poesía. Roberto Frank Valdés. $5.99
33. *Bitácora de un paria*. Poesía. Yerandy Pérez Aguilar. $12.99
34. *Blasfemia del escriba*. Cuentos. Alberto Guerra Naranjo. $11.99
35. *Breves estudios en torno a la soledad*. Poesía ilustrada. Esther Suárez Durán. $7.99
36. *Cabalgar la zoo-política: Aproximaciones a una posible revolución indoamericana pospandemia*. Ensayo. Carlos Salinas Granda. $5.99
37. *Cacería*. Narrativa. José Hugo Fernández. $7.99
38. *Cancionero español: (Álbum de covers) Volumen 1*. Narrativa. Alejandro Langape. $9.99
39. *Canto a mi cabeza loca (Dinámica del cuerpo)*. Poesía. Claudette Betancourt Cruz. $5.99

40. *Cartas a Leandro*. Narrativa. Ramón Díaz-Marzo. $9.99
41. *Casco de Dios*. Poesía ilustrada. Marié Rojas Tamayo. $9.99
42. *Cenizas al viento*. Cuentos. Teresa Medina Rodríguez. $9.99
43. *Círculos de agua: nacidos después de los 80*. Antología de cuentos. Dulce M. Sotolongo. $9.99
44. *Columpios de la suerte*. Poesía. Minerva Pérez Corcho. $5.99
45. *Como arrullo de tórtolas*. Poesía cristiana. José Luis Riverón Rodríguez.$7.99
46. *Como el río del tiempo: una mirada a la obra de Leonel Cobo a través del verso rimado*. Poesía y obras plásticas. José Luis Riverón Rodríguez. $15.00
47. *Como en un sueño, la vida*. Poesía. José Antonio Martínez Coronel. $5.99
48. *Como salir de un país*. Poesía. Ricardo López. $5.99
49. *Como una mancha de peces*. Narrativa infantil. Miguel Ángel González Pérez. $5.99
50. *Con ojos de piedra y agua*. Poesía. Ana Margarita Valdés Castillo. $5.99
51. *Con un par de alas tremendas: Sonetos de vuelo popular*. Poesía. Juan Carlos García Guridi. $5.50
52. *Concierto para Denysse*. Poesía. Luis Mariano (Lewis) Estrada Segura. $5.99
53. *Confesiones de mujer*. Poesía. Yasmín Sierra Montes. $5.99
54. *Conjuro de diamante*. Poesía. Juan Carlos Mirabal. $13.99
55. *Conjuro de diamantes*. Poesía. Juan Carlos Mirabal. $ 13.99 y $9.00
56. *Conspiración en La Habana*. Novel. Eduardo N. Cordoví Hernández. $19.99
57. *Corrimiento al rojo*. Poesía. Benito Martínez Martínez. $7.99
58. *Cosa más grande la vida!* Humor. José Luis Riverón Rodríguez. $7.99
59. *Cosas de un niño grande*. Infantil. Hebert Poll Gutiérrez. $5.99

60. *Cosas que vienen del cielo*. Narrativa. Yolanda Felicita Rodríguez Toledo. $10.00
61. *Criaturas*. Cuentos. Alex Schweg. $7.99
62. *Crónica de una matanza impune, Persecución y asesinato de emigrantes canarios en Cuba*. Ensayo. José Antonio Quintana García. $7.99
63. *Cruce de caminos*. Poesía. Antonio Santana Pérez. $7.99
64. *Cuando aparecen los elefantes*. Libro infantil ilustrado. Norge Sánchez. $9.99
65. *Cuando el dolor se convierte en palabra*. Poesía. Elizabeth Álvarez Hernández. $5.99
66. *Cuando me besan tus ojos*. Poesía. Félix Alexis Guerra Menéndez. $5.80
67. *Cuba en la calle*. Fotografías de la Cuba actual. Felipe Rouco Llompart. $24.99
68. *Cuba la revolución usurpada*. Ensayo. Oscar G. Otazo. $15.99
69. *Cuba y los fotógrafos viajeros: Desde 1841 a la actualidad*. Ensayo bibliográfico. Ramón Cabrales y Rufino del Valle Valdés. $12.99
70. Cuba: crónicas de a pie. Crónicas. Jesús Arencibia Lorenzo. $9.99
71. *Cuba... qué linda es Cuba*. Narrativa. Hebert Poll Gutiérrez.$7.99
72. *Cucumí no aparece en el internet*. Novela negra. F. P. Ray. $9.99
73. *Cuentos del abuelo*. Ilustrado. Fernando Baracaldo Alba. $7.99
74. *Cuentos e historias para la (des) memoria*. Narrativa. Oscar Montoto Mayor. $9.99
75. *Cuentos feroces*. Cuentos. Alina Moreno. $9.99
76. *Cuentos para crecer juntos*. Ilustrado. Marié Rojas Tamayo. $7.99
77. *Cuentos para soñar* (ilustrados). Narrativa. Sarah Graziella Respall Rojas. $19.99
78. *Cuentos, baladas y otras sospechas*. Cuentos. Luis Felipe Ruano. $23.00

79. *Cuervos sobre el trigal.* Cuentos para adultos. Yasmín Sierra Montes. $7.99

80. *Cúmulos nimbos.* Poesía. Isbel G. $5.99
81. *Curvas sobre la superficie del objeto.* Poesía. Anisley Miraz Lladosa.$5.99
82. *De picha, y señor mío.* Narrativa. José Luis Riverón Rodríguez. $7.90
83. *De poesía y poetas.* Ensayo. Armando Landa Vázquez. $9.99
84. *Décima para mi princesa.* Poesía. Katia Pérez Padrón. $5.99
85. *Defensa siciliana 115 partidas magistrales.* Ajedrez. Félix Raúl Pérez Hernández. $12.99
86. *Desde mi ventana.* Poesía y relatos. Irene Castillo. $7.99

87. *Desnuda ante tus ojos.* Narrativa. Jenny Díaz Valdés. $5.99
88. *Después de la Caída.* Poesía. Miladis Hernández Acosta. $9.99
89. *Dientes de perro.* Crónicas. Manuel Pereira. 19.99
90. *Diez cuentos que estremecieron a Cuba.* Narrativa. Carlos Esquivel. $9.99
91. *Dodo danza sobre un dado.* Poesía. Sergio Trincado Torres. $14.99
92. *Donde anida el colibrí.* Narrativa. Zuleica Ruíz Peix. $6.00
93. *Donde el espejo no llega.* Poesía. José Antonio Martínez Coronel. $5.80

94. *Donde termina la mirada.* Poesía. Norge Sánchez. $12.03
95. *Dos libros de Guerra (escrito a cuatro manos).* Poesía. Félix Guerra Pulido y Félix Alexis Guerra Menéndez. $9.99

96. *Duendes del domingo.* Libro infantil ilustrado. Daimy Díaz Laborda. $10.99
97. *Dulce café.* Poesía. Rafael Vilches Proenza. $5.99
98. *E. A. Vol. 1 Breve antología del taller de literatura fantástica y de ciencia ficción "Espacio Abierto".* Daniel Burguet y Abel Guelmes Roblejo. $9.99

99. *Ejercitar el criterio*. Crítica de narrativa. Waldo González López. $12.99

100. *El agua rota de los sueños*. Poesía. Alejandro Rejón Huchin. $5.99

101. *El ángel en la sombra*. Poesía. Raudel Sosa Pérez. $5.99

102. *El árbol de mi alma*. Poesía. Vivián Suárez García. $5.99

103. *El cacique Turquino*. Cuentos ilustrado. Norge Sánchez. $9.99

104. *El cagüeiro negro*. Narrativa. Eduardo Báez. $14.99

105. *El camino*. Literatura cristiana. Jesús Cardoso López. $7.99

106. *El carcaj pleno de colores*. Ensayo sobre la obra del pintor Domingo Ramos Enríquez. Ana Julia Gutiérrez Ulloa. $5.99

107. *El cocinero, el sommelier, el ladrón y su (s) amante (s)*. Ensayo. Frank Padrón. $45.99

108. *El desventurado domingo de Dominga*. Libro ilustrado para niños. Noel Silva González. $12.99

109. *El dolor de ser vivo*. Poesía. Ronel González Sánchez. $7.99

110. *El eco del silencio*. Poesía. Teresa Medina Rodríguez. $9.99

111. *El fuego del ángel*. Poesía juvenil. Miladis Hernández Acosta. $5.99

112. *El fúnebre cantar del cisne blanco*. Poesía. Guillermina Consuelo Samsaricq González. $5.99

113. *El girasol*. Novela de ciencia ficción. Jonathan Sánchez. $7.99

114. *El heno a cuestas: crónica de un duet(l)o en torno a la comunidad*. Ensayo. José Luis González-Almeida. $13.99

115. *El idilio de los iguales*. Narrativa. Alberto González. $7.99

116. *El imperio del silencio: A través del lenguaje de las tumbas, un recorrido por el Cementerio Cristóbal Colón de La Habana*. Ensayo novelado. Mario Darias Mérida. $39.99

117. *El juego de la memoria. Poesía en décima*. Poesía. Alberto Edel Morales Fuentes. $13.99 (Tapa dura) y $7.99 (Tapa blanda)

118. *El legado de los Rep*. Ciencia Ficción. José R. Barbón Hernández. $7.99
119. *El legado de los Rep*. Novela ciencia ficción. José Ramón Barbón Hernández. $7.99
120. *El libro del caos*. Poesía. Francisco (Paco my friend) Guzmán Rivero. $7.99
121. *El maravilloso mundo de las libélulas*. Colección Eureka, ciencia y técnica. Jose M. Ramos Hernández. $7.99
122. *El maravilloso viaje de Kiko y ratón*. Narrativa. Manuel Roblejo Proenza. $5.99
123. *El marmolito mágico*. Juvenil. Gabriela Sánchez. $9.99
124. *El martillo de plata*. Juvenil. Lesbia de la Fé. $7.99
125. *El momento de las iniciaciones*. Poesía. Osmari Reyes García. $5.99
126. *El monasterio interior*. Poesía. José Antonio Martínez Coronel. $9.99
127. *El nacimiento de la conciencia histórica. Conferencias en la Universidad del aire dictadas por Maria Zambrana*. Daniel Céspedes Góngora. $5.99
128. *El onceno mandamiento*. Narrativa. Marié Rojas Tamayo. $10.99
129. *El personaje y su leyenda*. Historia. Leonardo Depestre Catony. $7.99
130. *El polvo rojo de la memoria*. Novela. Eduardo René Casanova Ealo. $5.99
131. *El puente y otros relatos*. Narrativa. Eduardo René Casanova Ealo. $5.99
132. *El que a buen humor se arrima, buen buena lo acobija*. Caricaturas. Ernesto Rodríguez Castro (Beli). $10.99
133. *El reino perdido de la Zapatucia*. Infantil. José Luis Riverón Rodríguez. $5.99
134. *El rosario del hombre de ceniza*. Poesía. Álex Padrón. $5.99

135. *El secreto de la luna*. Juvenil. Griselda Leonor Rodríguez Pimentel. $7.99
136. *El señor de las patas largas*. Narrativa infantil ilustrada. Nuris Quintero Cuellar. $14.99
137. *El silencio de los culpables*. Narrativa. Anisley Miraz Lladosa. $9.99
138. *El silencio que dicen*. Poesía. Abel German. $5.99
139. *El tiempo de la esperanza y otros cuentos*. Gisela Lovio Fernández. $11.99
140. *El tridente, décimas antológicas cubanas*. Poesía. Carlos Esquivel, J. L. Serrano y Ronel González. $15.99
141. *El triunfo de Eros*. Narrativa. Barbarella D´Acevedo. $9.99
142. *El último sol*. Poesía. Miroslaba Pérez Dopazo. $5.99
143. *El velo de la certeza*. Poesía. José Antonio Martínez Coronel. $5.99
144. *Embestidas de la piel*. Poesía. Odalys Leyva Rosabal. $5.99
145. *Emigrados de fondo*. Poesía. Fernando Lobaina Quiala. $4.99
146. *En el límite*. Narrativa. Maritza Vega Ortiz. $10.00
147. *En esta claridad está mi casa*. Poesía. Beatriz del Rosario Torrente Garcés. $6.99
148. *En este barrio no hay vampiros*. Novela. Luis Pacheco Granado. $7.99
149. *En la gruta del tiempo*. Narrativa. Felicia Hernández Lorenzo. $8.99
150. *En La Habana de ahora mismo, dos historias de Boston Franco*. Cuentos. Dagoberto José Valdés Rodríguez. $7.99
151. *En un raro lugar y otras historias*. Cuentos. Jeiddy Martínez Armas. $7.99
152. *Encrucijadas y naufragios*. Cuentos. José Valdés Rodríguez. $7.99
153. *Enigmas de la otra*. Poesía. Nuris Quintero Cuellar. $5.80
154. *Entre piropos, dichos y refranes*. Décima. Noelio Ramos Rodríguez. $6.99

155. *Eros*. Poesía. Armando Landa Vázquez. $5.99
156. *Es la hora de los hornos*. Poesía. Norge Sánchez. $5.99
157. *Escaras*. Poesía. José Alberto Nápoles. $5.99
158. *Escritos de un plumazo*. Narrativa. José Alberto Collazo. $7.50
159. *Estaba la pájara pinta*. Ensayo. José Antonio Martínez Coronel. $36.99
160. *Fábula del presunto cuerdo*. Narrativa. Edilberto Montecé. $7.99
161. *Fauna cavernícola*. Ensayo. José M. Ramos Hernández. $7.99
162. *Feria de máscaras*. Poesía. Yamilka González Pérez. $5.99
163. *Fiesta de rimas*. Poesía ilustrada para niños. Eliane Acosta Moreira. $11.99
164. *Filosofía política de la guerra*. Ensayo. Carlos Salinas Granda. $10.99
165. *Fragmentaciones de la luz*. Poesía. Luis Mariano Estrada (Lewis). $7.99
166. *Fragmentaciones del silencio*. Poesía. Ana Ivis Cáceres de la Cruz. $5.99
167. *Frederich Cepeda, la voluntad como primicia*. Ensayo. José Ramón Crespo Jiménez. $40.00 y $12.99
168. *Fruto Rojo*. Poesía. Ana Herminia Rodríguez. $5.99
169. *Gabriela en el espejo*. Cuentos ilustrados para niños. Norge Sánchez. $9.99
170. *Gabriela*. Infantil. Norge Sánchez. $5.99
171. *Gentes*. Cuentos. Roberto Peláez Romero. $7.99
172. *Germán pinta guaraparanganas*. Artes plásticas. Germán Molina. $11.99
173. *Gestos brutales*. Cuentos. José Alberto Velázquez
174. *Guijarros*. Poesía. Norge Sánchez. $4.99
175. *Habana cool*. Crónicas. José Hugo Fernández. $9.99
176. *Historia de amor*. Libro infantil ilustrado. Norge Sánchez. $9.99
177. *Historias en la almohada*. Poesía. Armando López

Carralero.$8.65

178. *Hombre que escribe en banco sin parque*. Poesía. Ulises Hernández Expósito. $5.90

179. *Hombreriego*. Narrativa. Raúl Hernández Pérez. $5.99
180. *Hombres de rutina*. Narrativa. Marlon Duménigo. $5.99
181. *Huellas de una nación*. Fotografía. Yovanis González Elizalde. $5.99
182. *Insectos para principiantes*. Divulgación científica. José M. Ramos Hernández. $7.99
183. *Instantes en la memoria*. Poesía. Agustín Ramón Serrano. $5.99
184. *Jardín mecánico*. Poesía. Luis Alonso Cruz Álvarez. $7.99
185. *Jato*. Juvenil. Belkis Reyes Soto. $13.99

186. *Juan Pirindingo y otros cuentos*. Libro infantil ilustrado. Delsa López Lorenzo. $12.00
187. *Katabasis*. Cuentos. David Martínez Balsa. $ 7.99
188. *Kiko Pemba, espíritu del monte*. Poesía y fotografía. José Mederos Sigler. $15.99
189. *La acrobacia del minotauro*. Poesía. Jesús Machado Espinosa. $7.99
190. *La casa mía*. Infantil ilustrado. Alessandro Masoni. $9.99
191. *La catedral del Tiempo*. Narrativa. José Antonio Martínez Coronel. $10.50
192. *La corte de los lobos*. Narrativa. José Luis Riverón Rodríguez. $9.99
193. *La cosa roja*. Narrativa. Luis Felipe Ruano. $9.99
194. *La culpa no fue de Dios*. Narrativa. Andrea García Molina. $5.99

195. *La Estancia, apuntes y recuerdos de Albert Gagnon-Beyle*. Narrativa. Jesús Alberto Díaz Hernández. $9.99
196. *La fiesta de la reina ortografía*. Narrativa infantil. Ronel González Sánchez. $7.99
197. *La frágil memoria de la semana*. Poesía. Elizabeth Álvarez Hernández. $5.38

198. *La furia de los vientos*. Testimonio. Pedro Armando Junco. $12.99
199. *La Gallina golondrina*. Infantil ilustrado. Norge Sánchez. $9.99
200. *La gruta del lobo*. Narrativa. de Hamlet Gómez. $12.99
201. *La Habana convida. Antología poética por el 500 aniversario de la ciudad*. Eduardo René Casanova Ealo y 79 poetas. Edición de lujo. $70.00
202. *La Habana convida. Antología poética por el 500 aniversario de la ciudad*. Eduardo René Casanova Ealo y 79 poetas. Edición estándar. $15.99
203. *La Hechicera*. Narrativa. Yasmín Sierra Montes. $9.99
204. *La herencia de los buenos muertos, compilación de obras presentadas al Concurso Internacional de cuentos*. Compilación. Eduardo René Casanova Ealo. $19.00
205. *La isla de las hormigas rojas*. Poesía. Luis Mariano Estrada (Lewis). $5.99
206. *La isla del espanto y otros cuentos*. Narrativa. de Gisela Lovio. $12.99
207. *La isla preterida*. Poesía. Miladis Hernández Acosta. $23.60
208. *La Larga*. Narrativa. Ángel Osiris Milián. $15.99
209. *La luna frente al espejo*. Poesía. Luis Mariano Estrada (Lewis). $7.99
210. *La música del árbol*. Poesía. Adalberto Hechavarría Alonso. $6.99
211. *La oscura escalera*. Novela. Ramón Díaz-Marzo. $6.99
212. *La patria es una naranja*. Poesía. Félix Luis Viera.$8.99
213. *La peña de Horeb*. Poesía. José Antonio Martínez Coronel. $6.99
214. *La plaga en el valle del Belanús*. Novela. Manuel Quintero Pérez. $9.99
215. *La sangre del marabú*. Narrativa. Argenis Osorio Sánchez. $7.99
216. *La sombra de Sísifo*. Poesía. José Antonio Martínez Coronel. $5.99
217. *La sombra que pasa*. Poesía. Miladis Hernández Acosta. $7.99

218. *La veda del dinosaurio*. Narrativa. Edgar Estaco Jardón. $5.99

219. *La venganza del contrario*. Narrativa. Odalys Leyva Rosabal. $7.99

220. *La vida húmeda*. Cuentos. Carlos Alberto Casanova. $7.99

221. *La violencia para vivir, la muerte es el alivio*. Ensayo. Dr. Octavio Gárciga Ortega. $15.99

222. *La virgen sumergida o cómo mataron a Charo*. Narrativa. José Luis Riverón Rodríguez. Edición a todo color. $30.00

223. *La virgen sumergida o cómo mataron a Charo*. Narrativa. José Luis Riverón Rodríguez. Edición estándar. $9.99

224. *Las arenas del tiempo*. Poesía. José Antonio Martínez Coronel. $5.80

225. *Las colinas de Potomac, antología mínima*. Poesía. Eduardo René Casanova Ealo. $15.99

226. *Las dunas de la espera*. Poesía. José Antonio Martínez Coronel. $5.58

227. *Las hadas calzan botas*. Poesía infantil ilustrada. Clara Lecuona Varela.$12.99

228. *Las Hijas de Sade*. Narrativa. Guillermo Vidal y Maria Liliana Celorrio. $9.99

229. *Las náufragas porfías*. Ensayo sobre la obra de Dulce María Loynaz de Miladis Hernández Acosta. $7.99

230. *Las rosas que mañana (un museo para Dulce María)*. Poesía. Mariana Enriqueta Pérez Pérez. $7.99

231. *Las sendas escabrosas*. Poesía. Yasmín Sierra Montes. $5.50

232. *Las tablillas de Diógenes*. Poesía. Eduardo René Casanova Ealo. $7.26

233. *Laurel y orégano, la hora en que no muere nadie*. Narrativa. Marié Rojas Tamayo. $19.99

234. *Laverna*. Poesía. J. W. Riter. $5.99

235. *Lengua de sapo, relatos hiperbreves*. Narrativa. Edgar Estaco. $9.99

236. *Levitas del siglo XXI*. Ensayo. José Luis Riverón Rodríguez. $7.99

237. *Libro de los prójimos*. Poesía. Miladis Hernández Acosta. $7.99
238. *Libro negro del desencantado*. Poesía. Eduardo René Casanova Ealo. $12.99
239. *Los años del principio*. Novela. José Gutiérrez Cabanas. $15.99
240. *Los blancos territorios, antología creciente*. Poesía. Miladis Hernández Acosta. $17.99
241. *Los caminos del agua*. Poesía. Armando López Carralero. $5.99
242. *Los cerezos de tu vientre*. Novela. Yasmín Sierra Montes. $15.99
243. *Los Césares perdidos*. Poesía. Odalys Leyva Rosabal. $6.99
244. *Los cuentos más tontos del mundo*. Narrativa. Ronel González Sánchez. $9.99
245. *Los días nuestros*. Poesía. Mayda Milián Ortiz. $6.99
246. *Los enanos de corazones*. Cuentos. Aymee Corominas. $5.99
247. *Los hilos de Ariadna*. Narrativa. José Antonio Martínez Coronel. $15.50
248. *Los imponderables reinos*. Poesía. Miladis Hernández Acosta. $5.99
249. *Los independientes de color*. Poesía. Armando Landa Vázquez. $9.99
250. *Los mapas del tiempo*. Poesía. Álex Padrón. $10.00
251. *Los maravillosos viajes de Globito*. Infantil ilustrado. Clara Lecuona Varela. $12.99
252. *Los misterios de la torre: El muerto del pozo*. Novela. Mario Luis López Isla. $9.99
253. *Los números*. Ilustrado para niños. Narely Plasencia Rodríguez. $9.99
254. *Los ojos tras la ventana*. Cuentos. Roberto J. González. $7.99
255. *Los peces no lloran*. Poesía. Julián Dimitri Tamayo Carbonell. $7.99
256. *Los remedios de Remedios*. Crónicas. Roberto Santiago González. $19.99

257. *Los sutiles vástagos*: poemas dispersos. Poesía. Milho Montenegro. $5.80
258. *Luna de aire*. Poesía infantil ilustrada. Yolanda Felicita Rodríguez Toledo.$9.99
259. *Lunaciones, antología personal*. Poesía. Rafael Vilches Proenza. $7.99
260. *Lunes primero*. Narrativa. Pablo Virgili Benítez. $5.99
261. *Luz de apocalipsis*. Poesía. Armando López Carralero. $7.99
262. *Luz de mágica sombra*. Poesía. Yasmín Sierra Montes. $5.90
263. *Luz y polvo en el granero*. Poesía. Reinol Cruz Díaz. $5.99
264. *Madre de cal*. Narrativa. Yasmani Rodríguez Alfaro. $ 7.99
265. *Malas palabras*. Poesía de Norge Sánchez. $7.99
266. *Manet y el paraíso de las pesadillas*. Novela. Titania Dreamer. $9.99
267. *Maravilloso zoológico*. Ilustrado para niños. Pilar Doris Gálvez Martínez. $12.99
268. *Más solo que la Luna*. Narrativa. José Alberto Collazo Oramas. $5.99
269. *Máscaras*. Poesía. Lázaro Alfonso Díaz. $5.99
270. *Mata*. Novela. Raúl Aguilar. $6.99
271. *Me declaro inocente*. Cuentos. Pedro Pablo Morejón López. $7.99
272. *Memorias de un kamikaze*. Poesía. Jorge Yassel Valdés Reyes. $6.99
273. *Memorias del abismo*. Poesía. Miladis Hernández Acosta. $5.99
274. *Miami, mi rincón querido. Antología ilustrada de cuento y poesía*. Eduardo René Casanova Ealo. $32.99
275. *Mirar, sufrir, gozar...La Habana*. Novela colectiva. Coordinador del proyecto: Lázaro Díaz Cala y Yoss. $11.99
276. *Misa de ratones: nueve monólogos teatrales*. Teatro. Edgar Estaco Jardón.$7.99

277. *Mitos y realidades.* Novela testimonio. José Ramón Crespo Jiménez. $7.99
278. *Modelando el verso.* Poesía. Salomón Leroux. $7.99
279. *Momentos.* Poesía. Bárbara Olivera Más. $5.99
280. *Morir en el fin del mundo.* Narrativa. Amador Hernández Hernández. $12.99
281. *Mujeres con testículos.* Narrativa. José Alberto Collazo Oramas. $9.99
282. *Mundo invisible. Poesía para todas las edades.* Ronel González Sánchez. $15.99
283. *Mundos paralelos y otros cuentos.* Narrativa. Gisela Lovio. $9.99
284. *Muros y otras historias del fin del mundo.* Narrativa. Clara Lecuona Varela. $5.99
285. *Músicos ambulantes.* Cuentos. Barbarella D´Acevedo. $9.99
286. *Nadar entre dos aguas.* Narrativa. José Alberto Collazo Oramas. $9.50
287. *Navegación Impasible.* Poesía. Eduardo René Casanova Ealo. $7.99
288. *Nietzsche, el mecenas: Yo no soy un hombre, soy dinamita.* Ensayo. Ángel Velázquez Callejas. $9.99
289. *No despierten a las mariposas.* Narrativa infantil. Teresa Medina Rodríguez. $7.99
290. *NoSéDónde y el País de las cosas perdidas.* Literatura para jóvenes. José Luis Riverón Rodríguez. $20.00
291. *Noventa minutos: Poemas y narraciones sobre fútbol.* Carlos Esquivel. $7.99
292. *Nuevos cortos del Pichi.* Narrativa. Rolando González Gil. $7.99
293. *Orgullo de isla.* Cuentos. Fernando Lobaina Quiala. $7.99
294. *Orgy o fear, Orgía del miedo.* Poesía bilingüe. Ismael Sambra. $7.99
295. *Otro invierno sin fósforos.* Poesía. Edgar Estaco Jardón. $5.99

296. *Pa´Cuba ni muerto*. Testimonio. Norge Sánchez. $9.00
297. *Pagar para ver*. Novela. Frank Correa. $12.99
298. *Páginas finales de la náusea.* Teatro. Miguel Terry Valdespino. $8.99
299. *País sin moscas y otros poemas.* Poesía Edición tapa dura. Félix Anesio. $19.99

300. *País sin moscas y otros poemas*. Poesía. Félix Anesio. $10.99
301. *Pan con mantequilla*. Cuentos. Ramón Díaz-Marzo. $8.99
302. *Paulette*. Cuentos. Osvaldo S. Reina Rodríguez. $9.99
303. *Pequeño diario de la Gran Zafra.* Testimonio. Carlos Julio Larramendi Rodes. $10.99

304. *Pero no me toques*. Narrativa. Bertha María Gómez Sedano. $5.99
305. *Perversas mujeres contra el muro. Colección erótica de cuentos.* Odalys Leyva Rosabal. $19.99
306. *Pesadilla, tragedia y fantasmas de neón*. Cuentos de ciencia ficción. Álex Padrón. $7.99
307. *Pesquería lunar*. Poesía infantil ilustrada. Jorge Morales Morales.$5.50
308. *Philosophia Naturalis Principia Poética Matemática*. Poesía. Armando Landa Vázquez. $7.50
309. *Piano Afinado*. Poesía. Norge Sánchez. $7.99

310. *Piedra para Obatalá*. Ensayo. Yoel Enríquez Rodríguez. $7.99
311. *Piedras a los varones*. Cuentos. Taimi Dieguez Mallo. $7.99
312. *Piezas para reparar un trino*. Teatro. René Fuentes. $9.99
313. *Pilares extendidos: diez maneras de conocer a José Martí.* Ensayo. Daniel Céspedes Góngora. $8.00
314. *Poemas breves para niños traviesos*. Poesía. Ángel Larramendi Mecías. $5.99

315. *Poetas cubanos en canarias. Antología*. Juan Calero Rodríguez. $9.99

316. *Por culpa del amor*. Novela. Teresa Medina Rodríguez. $15.99
317. *Por el camino verde:* Apreciación en décimas a la obra de José Suárez Verde. Ensayo. José Luis Riverón Rodríguez. $18.99
318. *Porque la lluvia no cesa*. Poesía. Yolanda Felicita Rodríguez Toledo. $5.99
319. *Porque los muros ya tienen moho*. Poesía. Yakelín Cárdenas García. $7.99
320. *Primigenios, el cuerpo lírico de una nación*. Semanario compilado por Eduardo René Casanova Ealo. $7.99
321. *Profecía maldita*. Novela. Rafael Martínez Castellanos. $7.99
322. *Puertas, boleros y cenizas*. Poesía. Yuray Tolentino Hevia. $6.99
323. *Pura coincidencia*. Cuentos. José Luis Pérez Delgado. $7.99
324. *Quirubín, el de Changa*. Novela. Noelio Ramos Rodríguez. $7.99
325. *Rabota*. Narrativa. Armando Landa Vázquez. $7.00
326. *Rani y la charca misteriosa*. Novela juvenil. Ana Rosa Díaz Naranjo. $9.99
327. *Recapitulación*. Poesía. Dorge Rodríguez Hernández. $7.99
328. *Retablos*. Poesía. Pedro Evelio Linares.$12.99
329. *Retazos*. Poesía. Ana Ivis Cáceres de la Cruz. $7.99
330. *Revisitación al Monte Fuji*. Poesía. Armando Landa Vázquez. $10.99
331. *Revolicuento*.com Cuentos. Rafael Grillo. $9.99
332. *Revoloteos*. Infantil ilustrado. María Ondina Niebla. $14.99
333. *Rostros de Hollywood en La Habana*. Crónicas. Leonardo Depestre Catony. $9.99
334. *Rostros*. Cuentos. Lisbeth Lima Hechavarría. $7.99
335. *Russian Brindis*. Teatro. Juan José Jordán. $5.99
336. *Salmos por Denisse*. Poesía. Yolanda Felicita Rodríguez Toledo. $3.99
337. *Salsiquieres city*. Narrativa. Teresa Medina Rodríguez. $5.99
338. *Saltarina y el majá rastrero*. Infantil ilustrado. Delsa López

Lorenzo.$13.99

339. *Santa Fe y otros relatos teatrales*. Teatro. Edgar Estaco Jardón. $10.00
340. *Secuelas del caos*. Poesía. Ana Ivis Cáceres de la Cruz. $9.99
341. *Sexualidad femenina, el paraíso del placer*. Dr. Octavio Gárciga Ortega PhD. $12.99
342. *Siéntate y mira: Crítica, comentarios y ensayos sobre cine*. Crítica cinematográfica. Daniel Céspedes Góngora. $10.99
343. *Silencios de un especial periodo*. Poesía. Juan Francisco González-Díaz. $5.99
344. *Simplemente José Antonio*. Cuentos. Julio Alberto Medel. $9.99
345. *Sin oxígeno, sin Cristo*. Cuentos. Rogelio Riverón. $9.99
346. *Solo en medio del mundo*. Poesía. Norge Sánchez. $5.99
347. *Subdesarrollo Pérez, ¡Qué envolvencia!, El arte de la simulación*. Arístides Pumariega y Rebeca Ulloa. $12.99
348. *Temblor de hoja rota*. Poesía. Armando López Carralero. $7.99
349. *Thanatos y Eros*. Poesía. Álex Padrón. $7.99
350. *The Watchers*. Novela (en inglés). Asley L. Mármol. $15.99
351. *Tiempo*. Poesía de Bernardo Javier Castro Reyes. $7.99
352. *Todas las madrugadas*. Narrativa. Manuel Roblejo Proenza. $5.99
353. *Todos vivimos en Oz*. Cuentos. Edición de lujo. Marié Rojas Tamayo. $40.00.
354. *Todos vivimos en Oz*. Cuentos. Edición estándar. Marié Rojas Tamayo. $12.99
355. *Torres de marfil*. Narrativa. Yonnier Torres Rodríguez. $7.99
356. *Trampas de amor*. Poesía para niños. Carlos Ettiel. $14.99
357. *Tras el telón de celuloide: Acercamiento al cine cubano*. Crítica cinematográfica. Antonio Enrique González Rojas. $7.00
358. *Traumas*. Cuentos. Osmel Iglesia. $7.99
359. *Travesía al desnudo*. Poesía. Wendy Calderón Veloso. $5.99
360. *Tus luces sobre mí*. Narrativa. Maritza Vega Ortiz. $7.99

361. *Un grafiti en los ladrillos*. Poesía. Hansrruel Aldana Cabrera. $5.99
362. *Un pueblo con suerte*. Ilustrado para niños. Andrés Cobo García. $9.99
363. *Un rey sin corona*. Novela. Frank Correa. $7.99
364. *Un tren delirante*. Novela. Alina Moreno. $9.99
365. *Un triste cepillo de dientes*. Narrativa. Norge Sánchez. $7.99
366. *Una ciudad sin lágrimas*. Miriam Peña Leyva. $5.99
367. *Una cosa es con guitarra*. Poesía. José Luis Rodríguez Alba. $5.99
368. *Una mujer es...* Poesía. Juan Francisco González-Díaz. $5.50
369. *Uno por aquí y yo, en la pandilla del barrio*. Novela. Noelio Ramos Rodríguez. $7.99
370. *Username: Henry*. Ciencia ficción. Frank Hidalgo-Gato. $15.99
371. *Username: Henry*. Novela de ciencia ficción. Frank Hidalgo-Gato. $15.99
372. *Uvas para llevar a la boca*. Poesía. Lucy Maestre. $7.99
373. *Valbanera: Naufragio, misterio y leyenda*. Ensayo. Mario Luis López Isla. $12.99
374. *Vértigos*. Poesía. José Poveda Cruz. $5.99
375. *Vienen... vienen los americanos*. Cuentos. Rebeca Ulloa. $7.99
376. *Viento de cenizas*. Poesía. Miladis Hernández Acosta. $8.99
377. *Xarahlai La Gitana*. Narrativa. Xiomara Maura Rodríguez Ávila. $9.99
378. *Y a todo a media luz*. Narrativa. Teresa Medina Rodríguez. $6.99
379. *Ya comienza el otoño*. Haikus. Lázaro Alfonso Díaz Cala y Aida Elizabeth Montanarro Torres. $5.99
380. *Yo también soy ellas*. Poesía. Yuray Tolentino Hevia. $5.99
381.

EDITORIAL PRIMIGENIOS
CORPUS LÍRICO DE UNA NACIÓN

www.ingramcontent.com/pod-product-compliance
Lightning Source LLC
LaVergne TN
LVHW052045160826
845678LV00015B/3117
9798817903928